Das Andere
55

Yasmina Reza
«Arte»

Tradução de Pedro Fonseca
Editora Âyiné

Yasmina Reza
«Arte»
Título original
«Art»
Tradução
Pedro Fonseca
Preparação
Monica Kalil
Revisão
Livia Lima
Andrea Stahel
Projeto gráfico
CCRZ
Imagem da capa
Julia Geiser

Direção editorial
Pedro Fonseca
Coordenação editorial
Sofia Mariutti
Assessoria de imprensa
Amabile Barel
Direção de arte
Daniella Domingues
Assistende de design
Gabriela Forjaz
Conselho editorial
Simone Cristoforetti
Zuane Fabbris
Lucas Mendes

© Yasmina Reza 2009

Primeira edição, 2024
© Editora Âyiné
Praça Carlos Chagas
Belo Horizonte
30170-140
ayine.com.br
info@ayine.com.br

Isbn 978-65-5998-148-9

«Arte»

Obrigada
a Serge Goldszal

**MARC
SERGE
YVAN**

A sala de um apartamento. Um único cenário. O mais despojado, o mais neutro possível. As cenas se passam sucessivamente na casa de Serge, de Yvan e de Marc. Nada muda, exceto a pintura exposta.

Marc, sozinho.

MARC   Meu amigo Serge comprou um quadro. É uma tela de aproximadamente um metro e sessenta por um metro e vinte, pintada de branco. O fundo é branco e, apertando os olhos, podemos perceber finíssimas listras brancas transversais. Meu amigo Serge é um amigo de longa data. É um rapaz muito bem–sucedido, ele é dermatologista e ama a *arte*. Segunda-feira, fui ver o quadro que o Serge havia comprado no sábado, mas que já vinha namorando havia muitos meses. Um quadro branco, com listras brancas.

Na casa de Serge.
Apoiada no chão, uma tela branca, com finíssimas listras brancas transversais.
Serge olha, satisfeito, seu quadro. Marc olha o quadro. Serge olha Marc, que olha o quadro.
Uma longa pausa na qual todos os sentimentos se traduzem sem palavras.

MARC   Caro?

SERGE   Duzentos mil.

MARC   Duzentos mil?...

SERGE   O Handtington compra de volta por duzentos e vinte.

MARC   Quem?

SERGE   O Handtington?!

MARC   Não conheço.

SERGE   O Handtington! A galeria Handtington!

MARC   A galeria Handtington compra de volta por duzentos e vinte?...

SERGE   Não, não a galeria. Ele. O próprio Handtington. Para ele mesmo.

MARC   E por que não foi o Handtington que o comprou?

SERGE   Porque esse pessoal prefere vender para particulares. É preciso que o mercado gire.

MARC   Claro...

SERGE   Então?

MARC   ...

SERGE   Não dá pra ver direito daí. Olha daqui. Você percebe as linhas?

MARC   Como se chama o...

SERGE   Pintor. Antrios.

MARC   Famoso?

SERGE   Muito. Muito!

Pausa.

MARC   Serge, você não pagou duzentos mil francos por esse quadro!?

SERGE   Mas, meu caro, é o preço. É um ANTRIOS.

MARC   Você não pagou duzentos mil francos por esse quadro!

SERGE   Eu tinha certeza de que você não entenderia.

MARC   Você pagou duzentos mil francos por essa merda?!

Serge, como se estivesse sozinho.

SERGE   Meu amigo Marc, que é um rapaz inteligente, rapaz que eu estimo há muito tempo, situação confortável, engenheiro aeronáutico, faz parte desses intelectuais, novos, que, não satisfeitos em serem inimigos da modernidade, fazem disso um motivo de orgulho incompreensível. Recentemente tem havido, entre os adeptos dos bons velhos tempos, uma arrogância verdadeiramente espantosa.

As mesmas pessoas.
Mesmo lugar.
Mesmo quadro.

SERGE (*após uma pausa*) ... Como você pode dizer «essa merda»?

MARC Serge, um pouco de senso de humor! Ria!... Ria, meu caro, é assombroso que você tenha comprado esse quadro!

Marc ri.
Serge permanece impassível.

SERGE Que você ache essa compra assombrosa, tudo bem, que faça você rir, ok, mas eu gostaria de saber o que você quer dizer com «essa merda».

MARC Você está gozando da minha cara!

SERGE De forma alguma. «Essa merda» em relação ao quê? Quando se diz que uma coisa é uma merda, é porque temos um critério de valor para avaliar essa coisa.

MARC Com quem você está falando? Com quem você está falando neste momento? Hein, hein?!...

SERGE Você não se interessa pela pintura contemporânea, nunca se interessou. Você não tem nenhum conhecimento nesse campo, então como pode afirmar que tal objeto, que obedece a leis que você ignora, é uma merda?

MARC É uma merda. Lamento.

Serge, sozinho.

SERGE   Ele não gosta do quadro.
Tudo bem...
Nenhuma delicadeza na atitude dele. Nenhum esforço.
Nenhuma delicadeza na sua maneira de condenar.
Uma risada pretensiosa, pérfida.
Uma risada que sabe tudo melhor que todo mundo.
Odiei aquela risada.

Marc, sozinho.

MARC   Que o Serge tenha comprado esse quadro é algo que me desorienta, me inquieta e provoca em mim uma angústia indefinida.
Saindo da casa dele, tive que tomar três glóbulos de Gelsemium 9CH que a Paula me recomendou — entre parênteses, ela me disse Gelsemium ou Ignatia? Você prefere Gelsemium ou Ignatia? Sei lá eu?! —porque não consigo conceber de forma alguma como o Serge, que é um amigo, pôde comprar aquela tela.
Duzentos mil francos!
Um rapaz bem de vida, mas que não está nadando em dinheiro. Bem de vida o bastante, nada além disso. E gasta duzentos mil francos com um quadro branco. Preciso avisar o Yvan, que é nosso amigo em comum, preciso falar disso com o Yvan. Ainda que o Yvan seja uma pessoa tolerante, o que, em se tratando de relações humanas, é o pior defeito. O Yvan é tolerante porque ele não está nem aí.
Se o Yvan tolera que o Serge tenha comprado uma merda branca por duzentos mil francos, é porque ele não está nem aí para o Serge. É óbvio.

Casa de Yvan.

Na parede, um quadro tosco.

Yvan está de costas, de quatro.
Ele parece estar procurando alguma coisa debaixo de um móvel.
Durante essa movimentação, ele se volta para se apresentar.

YVAN   Me chamo Yvan.
Estou um pouco agitado porque, depois de ter passado a vida no setor têxtil, acabo de conseguir um emprego como representante de um atacadista de artigos de papelaria.
Sou um sujeito simpático. A minha vida profissional sempre foi um fracasso, e daqui quinze dias vou me casar com uma garota gentil, brilhante e de boa família.

Entra Marc.
Yvan está novamente de costas, procurando alguma coisa.

MARC   O que você está fazendo?

YVAN   Estou procurando a tampa da minha caneta.

Uma pausa.

MARC   Bom, já chega!

YVAN   Estava comigo cinco minutos atrás.

MARC   Isso não é importante.

YVAN   É, sim.

Marc se abaixa para procurar com ele.
Eles procuram juntos por um instante.
Marc se levanta.

MARC   Para! Você compra outra.

YVAN   São canetas excepcionais, você pode desenhar sobre qualquer superfície com elas... Que nervoso. Se você soubesse como os objetos me dão nos nervos. Eu estava com ela na mão, cinco minutos atrás.

MARC   Vocês vão morar aqui?...

YVAN   Você não acha bom para um jovem casal?

MARC   Um jovem casal! Ah! Ah!

YVAN   Poupe esse riso na frente da Catherine.

MARC   E a papelaria?

YVAN   Bem. Estou aprendendo.

MARC   Você emagreceu.

YVAN   Um pouco. Me dá nos nervos não ter achado a tampa, agora ela vai secar. Senta.

MARC   Se você continuar a procurar essa tampa, eu vou embora.

YVAN   Está bem, eu paro. Quer beber alguma coisa?

MARC   Uma Perrier, se você tiver.
Você viu o Serge esses dias?

YVAN   Não. E você?

MARC   Vi ontem.

YVAN   Ele está bem?

MARC   Muito.
Acabou de comprar um quadro.

YVAN   Ah, é?

MARC   Mmm.

YVAN   Bonito?

MARC   Branco.

YVAN   Branco?

MARC   Branco.
Imagine uma tela de mais ou menos um metro e sessenta por um metro e vinte... fundo branco... inteiramente branco... na diagonal, umas riscas transversais finas e brancas... entende... e talvez uma linha horizontal branca como complemento, na parte de baixo...

YVAN   Como você enxerga?

MARC   O quê?

YVAN As linhas brancas. Já que o fundo é branco, como você enxerga as linhas?

MARC Enxergando. Porque, supondo que as linhas sejam ligeiramente cinzas, ou o contrário, em todo caso existem nuances no branco! O branco é mais ou menos branco!

YVAN Não fique nervoso. Por que você está nervoso?

MARC Você logo fica cheio de picuinhas.
Deixa eu terminar!

YVAN Está bem. Então?

MARC Ótimo. Imaginou o quadro?

YVAN Imaginei.

MARC Agora adivinha quanto o Serge pagou.

YVAN Quem é o pintor?

MARC Antrios. Você conhece?

YVAN Não. Ele é bem cotado?

MARC Sabia que você faria essa pergunta!

YVAN Lógico...

MARC Não, não é lógico...

YVAN É lógico, se você me pede para adivinhar o preço, você sabe perfeitamente que o preço é em função da cotação do pintor...

MARC Eu não estou te pedindo para avaliar esse quadro em função desse ou daquele critério, não estou te pedindo uma avaliação profissional, estou perguntando quanto você, Yvan, daria por um quadro branco enfeitado com uns riscos transversais brancos–sujos.

YVAN Nem um centavo.

MARC Ótimo. E o Serge? Chuta um valor, ao acaso.

YVAN Dez mil.

MARC Ah! Ah!

YVAN Cinquenta mil?

MARC Ah! Ah!

YVAN Cem mil...

MARC Continua...

YVAN Cento e cinquenta... Duzentos?!...

MARC Duzentos. Duzentos mil francos.

YVAN Não?!

MARC   Sim.

YVAN   Duzentos mil???!!!

MARC   ... Duzentos mil.

YVAN   ... Ele enlouqueceu!...

MARC   Não parece?

Uma breve pausa

YVAN   Por outro lado...

MARC   ... Por outro lado, o quê?

YVAN   Se isso lhe dá prazer... Ele ganha bem...

MARC   É assim que você vê as coisas?

YVAN   Por quê? Você vê como?

MARC   Você não vê a gravidade de tudo isso?

YVAN   Hum... Não...

MARC   É engraçado que você não veja o essencial dessa história. Você só vê o exterior. Não vê a gravidade que isso tem.

YVAN   Que gravidade?

MARC   Você não percebe o que isso significa?

YVAN   ... Quer castanha–de–caju?

MARC   Você não vê que, de repente e da maneira mais grotesca, o Serge se toma por um «colecionador».

YVAN   Hum, hum...

MARC   A partir de agora, o nosso amigo Serge faz parte da fina flor dos grandes amantes da arte.

YVAN   Ah, não!...

MARC   Claro que não. Por esse preço, a gente não faz parte de nada, Yvan. Mas ele, ele acredita que sim.

YVAN   Ah, sim...

MARC   Isso não te incomoda?

YVAN   Não. Se isso lhe dá prazer.

MARC   O que quer dizer, se isso lhe dá prazer?! Que filosofia é essa do *se isso lhe dá prazer*?!

YVAN   Desde que não faça mal a ninguém...

MARC   Mas está fazendo mal a alguém! Eu estou perturbado, meu caro, estou perturbado e estou até mesmo ferido, sim, sim, de ver o Serge, de quem gosto, se deixar depenar por esnobismo e não ter mais nem um mínimo de discernimento.

YVAN   Parece que você descobriu agora. Ele sempre frequentou as galerias de maneira ridícula, sempre foi um rato de exposição...

MARC   Ele sempre foi um rato, mas um rato com quem se podia rir. Porque no fundo, sabe, o que me fere realmente é que não se pode mais rir com ele.

YVAN   Mas claro que se pode!

MARC   Não!

YVAN   Você tentou?

MARC   Claro que sim. Eu ri. Com vontade. E o que você queria que eu fizesse? Ele não esboçou nem um sorriso. Duzentos mil é um pouco caro para uma risada, veja bem.

YVAN   Sim. (*Eles riem*) Comigo, ele vai rir.

MARC   Eu ficaria surpreso. Me dá um pouco mais de castanha.

YVAN   Ele vai rir, você vai ver.

Na casa de Serge.
Serge está com Yvan. Não se vê o quadro.

SERGE   ... E com os sogros, como vão as coisas?

YVAN   Excelentes. Eles pensam, é um rapaz que passou de um trabalho precário a outro e que agora vai tentar a sorte com pergaminho... Tem um negócio na minha mão, o que é?... (*Serge examina*)... É grave?

SERGE   Não.

YVAN   Ainda bem. Alguma novidade?...

SERGE   Nada. Muito trabalho. Cansaço. Estou feliz em te ver. Você nunca me liga.

YVAN   Não quero te incomodar.

SERGE   Deixa de brincadeira. É só deixar o teu nome com a secretária que te retorno na mesma hora.

YVAN   Você tem razão.
Cada vez mais monástica a sua casa...

SERGE   (*ele ri*) Sim!...
Você viu o Marc recentemente?

YVAN   Não, recentemente não.
E você, viu?

SERGE   Uns dois, três dias atrás.

YVAN   Ele está bem?

SERGE   Sim. Mais ou menos.

YVAN   Como assim?

SERGE   Não, não, ele está bem.

YVAN   Falei com ele por telefone semana passada, parecia estar bem.

SERGE   Sim, sim, ele está bem.

YVAN   Pela maneira que você falou, parecia o contrário.

SERGE   De forma alguma, eu te disse que ele está bem.

YVAN   Você disse mais ou menos.

SERGE   Sim, mais ou menos.
Mas ele está bem.

*Longa pausa.
Yvan fica andando pela sala...*

YVAN   Você saiu um pouco? Foi ver alguma coisa?

SERGE   Nada. Não tenho mais condições de sair.

YVAN   Ah, é?

SERGE   (*alegremente*) Estou arruinado.

YVAN   Ah, é?

SERGE   Você quer ver uma coisa rara? Quer ver?

YVAN   Claro! Mostra!

Serge sai da sala e retorna com o Antrios, que ele gira e coloca diante de Yvan.
Yvan olha o quadro e estranhamente não consegue rir com vontade, como tinha imaginado.
Depois de uma longa pausa em que Yvan observa o quadro e Serge observa Yvan:

YVAN   Ah, sim. Sim, sim.

SERGE   Antrios.

YVAN   Sim, sim.

SERGE   Um Antrios dos anos 70. Atenção. Hoje ele está numa fase parecida, mas este aqui é dos anos 70.

YVAN   Sim, sim. Caro?

SERGE   Em termos absolutos, sim. Na realidade, não. Você gosta?

YVAN   Ah, sim, sim, sim.

SERGE   Evidente.

YVAN   Evidente, sim... Sim... E ao mesmo tempo...

SERGE   Magnético.

YVAN   Mmm... Sim...

SERGE   E isso porque agora não se sente a vibração.

YVAN   ... Um pouco...

SERGE   Não, não. Você tinha que vir ao meio–dia. A vibração da monocromia, não se consegue com luz artificial.

YVAN   Hum, hum.

SERGE   Ainda que não seja monocromático!

YVAN   Não!... Quanto?

SERGE   Duzentos mil.

YVAN   ... Pois é.

SERGE   Pois é.

Silêncio.
De repente, Serge começa a rir, imediatamente seguido por Yvan. Todos dois caem na gargalhada.

SERGE   Uma loucura, não?

YVAN   Loucura!

SERGE   Duzentos mil francos!

Eles riem com vontade.
Param. Se olham.
Recomeçam.
Param de novo.
Depois de se acalmarem:

SERGE   Você sabe que o Marc já viu este quadro?

YVAN   Ah, é?

SERGE   Ficou estarrecido.

YVAN   Ah, é?

SERGE   Ele me disse que era uma merda. Termo completamente inapropriado.

YVAN   É verdade.

SERGE   Não se pode dizer que é uma merda.

YVAN   Não.

SERGE   Pode-se dizer, não consigo ver, não consigo entender, mas não se pode dizer «é uma merda».

YVAN   Você viu a casa dele.

SERGE   Não tem nada para ver.
Na tua casa também, é... enfim, quero dizer, você não está nem aí.

YVAN   Ele é um rapaz clássico, é um homem clássico, o que você quer...

SERGE   Ele começou a rir de uma maneira sarcástica. Sem um pingo de charme... Sem um pingo de humor.

YVAN   Você não vai descobrir hoje que o Marc é impulsivo.

SERGE   Ele não tem senso de humor. Com você, eu rio. Com ele, me sinto paralisado.

YVAN   Ele anda um pouco melancólico ultimamente, é verdade.

SERGE   Eu não o critico por não se sensibilizar com essa pintura, ele não tem formação para isso, existe todo um aprendizado que ele não tem, porque ele nunca quis ter ou porque ele não tinha uma vocação específica, pouco importa, o que eu critico é o tom dele, a insolência, a falta de tato.
Eu critico a indelicadeza dele. Não critico a falta de interesse dele pela arte contemporânea, foda-se, gosto dele para além disso...

YVAN   Ele também!...

SERGE   Não, não, não, não, eu senti nele outro dia uma espécie... uma espécie de condescendência... de sarcasmo ácido...

YVAN   Ah, não!

SERGE   Ah, sim! Não fique sempre tentando acalmar as coisas. Pare de querer ser o grande reconciliador do gênero humano! Admita que o Marc está necrosando. Porque o Marc necrosou.

Silêncio.

Na casa de Marc.
Na parede, um quadro figurativo representando uma paisagem vista de uma janela.

YVAN   Nós rimos.

MARC   Você riu?

YVAN   Nós rimos. Os dois. Rimos. Juro pela vida da Catherine, nós rimos juntos, os dois.

MARC   Você disse para ele que era uma merda, e vocês riram.

YVAN   Não, eu não disse para ele que era uma merda, nós rimos espontaneamente.

MARC   Você chegou, viu o quadro e riu. E ele riu também.

YVAN   Isso. Mais ou menos. Trocamos duas ou três palavras, e depois aconteceu exatamente assim.

MARC   E ele riu com vontade.

YVAN   Com muita vontade.

MARC   Ah, então, veja você, eu estava enganado. Melhor assim. Você me deixa mais tranquilo, de verdade.

YVAN   E vou te dizer mais. Foi o Serge quem riu primeiro.

MARC   Foi o Serge quem riu primeiro...

YVAN   Foi.

MARC   Ele riu, e você riu em seguida.

YVAN   Sim.

MARC   Mas por que ele riu?

YVAN   Ele riu porque percebeu que eu ia rir. Ele riu para me deixar à vontade, de certa maneira.

MARC   Mas não vale se ele riu primeiro. Se ele riu primeiro, foi para neutralizar a tua risada. Isso não significa que ele estava rindo com vontade.

YVAN   Ele estava rindo com vontade.

MARC   Ele estava rindo com vontade, mas não pelo motivo certo.

YVAN   E qual seria o motivo certo? Estou confuso.

MARC   Ele não estava rindo do ridículo do quadro dele, vocês dois não estavam rindo pelos mesmos motivos, você estava rindo do quadro e ele estava rindo para te agradar, para ficar na mesma sintonia que você, para te mostrar que, para além de ser um esteta que pode investir num quadro aquilo que você não ganha num ano, ele continua sendo o teu velho amigo iconoclasta com quem é possível se divertir.

YVAN   Hum, hum... (*um breve silêncio*) Sabe...

MARC   Sim...

YVAN   Você vai se surpreender...

MARC   Sim...

YVAN   Eu não gostei... mas também não detestei aquele quadro.

MARC   Claro. Não se pode detestar o invisível, não se detesta o nada.

YVAN   Não, não, tem alguma coisa ali...

MARC   O que é que tem?

YVAN   Tem alguma coisa. Não é o nada.

MARC   Você está de brincadeira?

YVAN   Eu não sou tão rigoroso como você. É uma obra, tem um pensamento por trás.

MARC   Um pensamento!

YVAN   Um pensamento.

MARC   E que pensamento?

YVAN   É o ponto de chegada de um caminho...

MARC   Ah! Ah! Ah!

YVAN   Não é um quadro feito ao acaso, é uma obra que se inscreve no interior de um percurso...

MARC   Ah! Ah! Ah!

YVAN   Pode rir. Pode rir.

MARC   Você repete todas as bobagens do Serge! Vindo dele, é lamentável, mas, vindo de você, é muito cômico!

YVAN   Sabe de uma coisa, Marc, você deveria tomar cuidado com a sua insolência. Você está se tornando amargo e antipático.

MARC   Melhor assim. Quanto mais o tempo passa, mais desagradável eu quero ser.

YVAN   Parabéns!

MARC   Um pensamento!

YVAN   Não dá para falar com você.

MARC   ... Um pensamento por trás daquilo!... Aquilo que você vê é uma merda, mas calma, calma, tem um pensamento por trás!... Você acha que tem um pensamento por trás desta paisagem?... (*ele aponta para o quadro pendurado na parede da sua casa*)... Não, né? Por demais evocativo. Por demais explícito. Está tudo na tela! Não pode haver nenhum pensamento!...

YVAN   Você está se divertindo, que ótimo.

MARC   Yvan, fale por si mesmo. Me fale das coisas da maneira como você sente essas coisas.

YVAN   Eu sinto uma vibração.

MARC   Você sente uma vibração?...

YVAN   Você nega que eu possa apreciar esse quadro por mim mesmo!

MARC   Evidentemente.

YVAN   E por quê?

MARC   Porque eu te conheço. Porque, para além dos teus desvarios de indulgência, você é um homem são.

YVAN   Não se pode dizer o mesmo de você.

MARC   Yvan, olhe nos meus olhos.

YVAN   Estou olhando.

MARC   O quadro do Serge te emocionou?

YVAN   Não.

MARC   Me responda. Amanhã, você se casa com a Catherine e recebe aquele quadro como presente de casamento. Você fica contente? Fica contente?...

Yvan, sozinho.

YVAN   Claro que não estou contente. Não estou contente, mas de maneira geral, não sou uma pessoa que possa dizer estou contente.

Eu tento... Tento pensar em algum acontecimento sobre o qual eu poderia dizer, com isso estou contente... Você está contente em se casar?, me perguntou um dia estupidamente minha mãe, você está ao menos contente em se casar?... Com certeza, com certeza mamãe...

Como assim, com certeza? Ou estamos contentes ou não estamos contentes, o que significa com certeza?...

Serge, sozinho.

SERGE   Para mim, ele não é branco.
Quando digo para mim, quero dizer objetivamente.
Objetivamente, ele não é branco. Há um fundo branco, com toda uma gradação de cinza...
Há até mesmo algum vermelho.
Pode-se dizer que ele é bastante pálido.
Se ele fosse branco, não me agradaria.
O Marc o vê branco... É o seu limite...
O Marc o vê branco porque se fixou na ideia de que é branco.
O Yvan, não. O Yvan vê que ele não é branco. O Marc pode pensar o que quiser, ele que se lixe.

Marc, sozinho.

MARC   Eu deveria ter tomado Ignatia, obviamente.
Por que eu tenho que ser tão categórico?
O que me importa, no fundo, se o Serge se deixa ludibriar pela arte contemporânea?...
Sim, é sério. Mas eu poderia ter dito de outra maneira.
Ter encontrado um tom mais conciliador.
Se eu não consigo aceitar, fisicamente, que o meu melhor amigo compre um quadro branco, ainda assim devo evitar de agredi–lo. Devo falar com gentileza.
Daqui em diante, vou lhe dizer as coisas com gentileza...

Casa de Serge.

SERGE   Preparado pra rir?

MARC   Diga.

SERGE   O Yvan adorou o Antrios.

MARC   Onde ele está?

SERGE   O Yvan?

MARC   O Antrios.

SERGE   Você quer vê–lo de novo?

MARC   Mostra pra mim.

SERGE   Eu sabia que você acabaria cedendo!... (*ele sai e volta com o quadro. Um breve silêncio de contemplação*) O Yvan captou. Imediatamente.

MARC   Hum, hum...

SERGE   Bom, escuta, não vamos nos estender sobre essa obra, a vida é breve... A propósito, você leu isso? (*ele pega* A vida feliz, *de Sêneca, e joga sobre a mesinha de centro, bem diante de Marc*) Leia, uma obra–prima.

Marc pega o livro, abre–o e o folheia.

SERGE   Moderníssimo. Se você lê isso, não precisa ler mais

nada. Entre o consultório, o hospital, a Françoise, que decretou que eu tenho que ver as crianças todos os finais de semanas — a última da Françoise, as crianças precisam do pai —, não tenho mais tempo para ler. Sou obrigado a ir ao essencial.

MARC   ... Como na pintura, afinal... Em que você eliminou de maneira oportuna forma e cor. Essas duas coisas desprezíveis.

SERGE   Sim... Ainda que eu possa também apreciar uma pintura mais figurativa. Por exemplo, a tua pseudoflamenga. Muito agradável.

MARC   O que é que ela tem de flamenga? É uma vista de Carcassonne.

SERGE   Sim, ok... mas um pouco ao gosto flamengo... a janela, a vista, a... não importa, ela é muito graciosa.

MARC   Ela não vale nada, você sabe.

SERGE   Quem se importa com isso?... Aliás, só Deus sabe quanto valerá um dia o Antrios!...

MARC   ... Sabe, eu refleti. Refleti e mudei meu ponto de vista. Outro dia, dirigindo por Paris, estava pensando em você e disse para mim mesmo: Será que, no fundo, não há uma verdadeira poesia no ato do Serge?... Será que se entregar a essa compra insensata não é um ato altamente poético?

SERGE   Como você está delicado hoje! Nem te reconheço.

Está usando um tom afável, subserviente, que, aliás, não combina nem um pouco com você.

MARC   Não, não, acredite em mim, faço um sincero mea–culpa.

SERGE   Sincero mea–culpa, por quê?

MARC   Eu sou muito impulsivo, muito nervoso, levo as coisas ao pé da letra... Digamos que me falta sabedoria.

SERGE   Leia Sêneca.

MARC   Aí! Veja, por exemplo, isso, você me diz «leia Sêneca», e isso poderia me irritar. Eu poderia ficar irritado pelo fato de você, nesta conversa, me dizer «leia Sêneca». É um absurdo!

SERGE   Não. Não, não é um absurdo.

MARC   Ah, não?

SERGE   Não, porque você acredita ter identificado...

MARC   Eu não disse que estava irritado.

SERGE   Você disse que poderia...

MARC   Sim, sim, que eu poderia...

SERGE   Que você poderia ficar irritado, e eu compreendo. Porque no meu «leia Sêneca», você acredita ter identificado uma insolência da minha parte. Você me diz que te falta sabedoria, e eu te respondo «leia Sêneca», é odioso!

MARC   Não é?

SERGE   Dito isso, é verdade que te falta sabedoria, porque eu não disse «leia Sêneca», mas «leia Sêneca!».

MARC   Justo. Justo.

SERGE   Na verdade, te falta senso de humor, muito simplesmente.

MARC   Com certeza.

SERGE   Te falta senso de humor, Marc. Te falta senso de humor pra valer, meu caro. Eu e o Yvan, outro dia, concordamos sobre isso, te falta senso de humor. Mas onde se meteu aquele lá? Ele é incapaz de ser pontual, é um inferno! Vamos acabar perdendo o filme!

MARC   ... O Yvan acha que me falta senso de humor?...

SERGE   O Yvan diz o mesmo que eu, que, de uns tempos para cá, está te faltando um pouco de senso de humor.

MARC   A última vez que vocês se viram, o Yvan te disse que gostava muito do teu quadro e que me faltava senso de humor...

SERGE   Ah, sim, sim, exato, o quadro muito, realmente. E sinceramente... O que você está comendo?

MARC   Ignatia.

SERGE Agora você acredita na homeopatia.

MARC   Não acredito em nada.

SERGE Você não acha que o Yvan emagreceu muito?

MARC   Ela também.

SERGE Esse casamento está consumindo os dois.

MARC   Está.

Eles riem.

SERGE E a Paula está bem?

MARC   Está, sim. (*apontando para o Antrios*) Onde você vai colocar?

SERGE Ainda não decidi. Ali. Ali?... Ostentação demais.

MARC   Você vai emoldurar?

SERGE (*rindo gentilmente*) Não!...Não, não...

MARC   Por quê?

SERGE Isso não se emoldura.

MARC   Ah, não?

SERGE   Vontade do artista. Não deve ser delimitado. Ele tem um contorno... (*ele faz sinal para Marc observar o corte*) Venha ver... Você está vendo...

MARC   É esparadrapo?

SERGE   Não, é uma espécie de *kraft*... Confeccionado pelo artista.

MARC   É engraçado que você diga o artista.

SERGE   Você queria que eu dissesse o quê?

MARC   Você diz o artista, você poderia dizer o pintor ou... como ele se chama... Antrios...

SERGE   E...?

MARC   Você diz o artista como uma espécie de... enfim, de qualquer modo, isso não tem importância. O que a gente vai ver? Vamos tentar ver algo de consistente pra variar.

SERGE   São oito horas. Vamos perder todas as sessões. É inacreditável que esse rapaz — que não faz porra nenhuma, você há de concordar— esteja sempre atrasado. Onde ele se enfiou?

MARC   Vamos jantar.

SERGE   Sim. Oito e cinco. Tínhamos marcado entre sete e sete e meia... O que você queria dizer? Eu digo o artista como o quê?

MARC   Nada. Eu ia dizer uma bobagem.

SERGE   Não, não, diga.

MARC   Você diz o artista como uma... como uma entidade intocável. O artista... Uma espécie de divindade...

SERGE   (*ele ri*) Mas, para mim, é uma divindade! Você não acha mesmo que eu iria esbanjar essa fortuna por um pobre mortal!...

MARC   Claro que não.

SERGE   Segunda–feira, fui ao Beaubourg. Sabe quantos Antrios tem no Beaubourg?... Três! Três Antrios!... No Beaubourg!

MARC   Extraordinário.

SERGE   E o meu não é menos belo!... Escuta, eu te proponho uma coisa: se o Yvan não chegar em exatamente três minutos, damos o fora daqui. Descobri um excelente restaurante lionês.

MARC   Por que você está tão nervoso assim?

SERGE   Não estou nervoso.

MARC   Sim, você está nervoso.

SERGE   Eu não estou nervoso, enfim, se estou nervoso é porque é inaceitável esse pouco–caso, essa incapacidade de respeitar os compromissos!

MARC   Na verdade, sou eu que te dou nos nervos, e você desconta no pobre do Yvan.

SERGE   O pobre do Yvan, você está gozando da minha cara! Você não me dá nos nervos, por que você me daria nos nervos?

SERGE   Ele me dá nos nervos. É verdade.
Ele me dá nos nervos.
Ele tem esse tom meio meloso. Um sorrisinho sabichão por trás de cada palavra.
A gente tem a impressão de que ele se esforça para ser agradável.
Não seja agradável, meu caro!
Não seja agradável. Por favor!
Será que foi a compra do Antrios?... A compra do Antrios que teria desencadeado esse mal–estar entre nós?...
Uma compra... que não teve o aval dele?...
Mas estou me lixando para o aval dele! Estou me lixando para o seu aval, Marc!...

MARC   Será que foi o Antrios, a compra do Antrios?...
Não — O problema é mais antigo...
Começou precisamente aquele dia em que você pronunciou, com seriedade, falando de uma obra de arte, a palavra *desconstrução*.
Não foi tanto o termo desconstrução que me perturbou, mas a seriedade com que você o proferiu.
Você disse seriamente, sem distanciamento algum, sem um pingo de ironia, a palavra *desconstrução*, você mesmo, meu amigo.
Não sabendo como encarar essa situação, falei que eu estava me tornando misantropo, e você me rebateu, mas quem é você? Com que autoridade você fala?...
 O que te autoriza a considerar que você é diferente dos outros?, retrucou o Serge da maneira mais insuportável possível.
E da maneira mais inesperada da parte dele... Quem você pensa que é, meu pequeno Marc, para se considerar especial?...
Aquele dia, eu deveria ter dado um murro na cara dele.
E, quando ele estivesse caído no chão, meio morto, dizer para ele, e você, que tipo de amigo, que porra de amigo é você, Serge, que não considera que o seu amigo seja especial?

Na casa de Serge.
Marc e Serge, como os deixamos.

MARC   Um lionês, você disse. Pesado, não? Um pouco gorduroso, salsichas... Tem certeza?

Tocam a campainha.

SERGE   Oito e doze.

Serge vai abrir para Yvan.
Yvan entra em cena falando.

YVAN   Situação dramática, problema insolúvel, dramático, as duas madrastas querem constar nos convites. Catherine adora a mulher do pai, que praticamente a criou, quer que ela apareça no convite, quer e pronto, a mulher do pai dela não concebe, e é normal, a mãe morreu, não constar ao lado do pai, eu odeio a mulher do meu pai, está fora de questão que a mulher do meu pai apareça no convite, meu pai não quer constar se ela não constar, a menos que a mulher do pai da Catherine também não conste, o que é absolutamente impossível, eu sugeri que não se coloque o nome de nenhum dos pais, afinal não temos mais vinte anos, podemos anunciar a nossa união e convidar as pessoas nós mesmos, a Catherine começou a gritar, argumentando que era um tapa na cara dos seus pais, que pagavam uma fortuna pela recepção, e sobretudo na da mulher do seu pai, que se dedicou tanto a ela mesmo ela não sendo sua filha, eu acabei me deixando convencer, totalmente a contragosto, mas por cansaço, aceito, portanto, que a mulher do meu pai, que eu odeio, que é uma vagabunda, conste no convite, telefono para minha mãe para preveni–la, digo mãe, eu fiz de tudo para evitar isso, mas não podemos fazer de outra maneira, a Yvonne vai ter que constar no convite, ela me responde se a Yvonne aparecer no convite, eu não quero aparecer, eu digo mãe, eu te imploro, não piore a situação, ela me diz como você ousa me propor que meu nome flutue, solitário sobre o papel, como o de uma mulher abandonada, abaixo do da Yvonne, solidamente ancorado no patronímico do seu pai, eu digo mãe, meus amigos estão me esperando, vou desligar, falamos disso tudo amanhã com a cabeça fresca, ela me diz e por que estou sempre em segundo plano, como assim mãe, você não está em segundo plano, claro que sim, quando você me diz não piore as coisas, isso quer dizer que as coisas já estão postas, tudo está organizado sem mim, tudo feito pelas minhas costas, a pobre Huguette tem que dizer amém a tudo e além disso, ela me diz — a apoteose —, para um evento cuja urgência ainda não entendi, mãe, meus amigos estão me esperando, claro, claro, você tem sempre algo melhor para fazer, tudo é mais importante do que eu, até logo, ela desliga, a Catherine, que estava do meu lado, mas que não tinha escutado, me diz, o que foi que ela disse, eu lhe digo, ela não quer estar no convite com a Yvonne e é normal, não estou falando disso, o que ela disse sobre o casamento, nada, você está mentindo, mas claro que não Cathy te juro, ela não quer estar no convite junto com a Yvonne, liga de volta para ela e diga que, quando a gente casa o próprio filho, a gente deixa o amor–próprio de lado, você poderia dizer a mesma coisa para a mulher do seu pai, isso não tem nada a ver, grita a Catherine, sou eu, eu, que faço absolutamente questão da presença dela, não é ela, coitada, que é a delicadeza em pessoa, se ela soubesse os problemas que isso tudo está criando, ela me imploraria para não estar no convite, liga de volta para a tua mãe, eu ligo de volta, supertenso, a Catherine escutando, Yvan, minha mãe me diz, até hoje você conduziu a sua vida da maneira mais caótica possível e visto que, de repente, decide desenvolver uma atividade conjugal, eu me encontro na obrigação de passar uma tarde e uma noite com o seu pai, um homem que não vejo há dezessete anos e a quem não pretendo exibir a minha papada nem o meu excesso de peso, e com a Yvonne que, digo assim por dizer, deu um jeito, soube pelo Félix Perolari, de aprender a jogar bridge — a minha mãe também joga bridge — isso tudo eu não posso evitar, mas no convite, no objeto por excelência, que todo mundo vai receber e analisar, eu pretendo me pavonear sozinha, a Catherine, que continua escutando, balança a cabeça com desdém, eu digo mãe, por que você é assim tão egoísta, eu não sou egoísta, eu não sou egoísta, Yvan, só faltava você também me dizer como a senhora Roméro hoje de manhã que eu tenho um coração de pedra, que na família todos nós temos uma pedra no lugar do coração, foi o que a senhora Roméro disse hoje de manhã porque me recusei — ela ficou ensandecida — a pagar por fora sessenta francos a hora, e teve a coragem de me dizer que nós, na família, temos uma pedra no lugar do coração, justo agora que acabamos de colocar um marca-passo no coitado do André, pra quem você não enviou nem mesmo um bilhete, claro, óbvio, é engraçado, pra você, tudo te faz rir, não sou eu que sou egoísta, Yvan, você ainda tem muito o que aprender nessa vida, vai, meu filho, corre, corre pra encontrar os seus amigos...

Silêncio.

SERGE   E aí?...

YVAN   E aí, nada. Não resolvemos nada. Eu desliguei. Minidrama com a Catherine. Abreviado porque eu estava atrasado.

MARC   Por que você deixa todas essas mulheres te encherem o saco?

YVAN   Por que eu deixo me encherem o saco, sei lá! Elas são malucas!

SERGE   Você emagreceu.

YVAN   Claro. Eu perdi quatro quilos. Só de angústia...

MARC   Leia Sêneca.

YVAN   ... *A vida feliz*, é disso que eu preciso!
E o que é que ele diz?

MARC   Uma obra–prima.

YVAN   É mesmo?...

SERGE   Ele não leu.

YVAN   É mesmo!

MARC   Não, mas agora há pouco o Serge me disse que é uma obra–prima.

SERGE   Eu disse que é uma obra–prima porque é uma obra–prima.

MARC   Sim, sim.

SERGE   É uma obra–prima.

MARC   Por que você fica irritado?

SERGE   Você parece estar insinuando que eu fico dizendo obra–prima a torto e a direito.

MARC   De forma alguma...

SERGE   Você diz isso com um certo tom irônico...

MARC   Mas de forma alguma!

SERGE   Sim, sim, obra–prima com um tom...

MARC   Ele está doido! De forma alguma!... Pelo contrário, foi você quem disse, você acrescentou a palavra moderníssimo.

SERGE   Sim. E daí?

MARC   Você disse moderníssimo, como se moderno fosse o suprassumo do elogio. Como se, falando de uma coisa, não se pudesse dizer nada mais elevado, mais incontestavelmente elevado que moderno.

SERGE   E daí?

MARC   E daí, nada.
E olha que eu nem mencionei o «íssimo» que você sublinhou... Modern–«íssimo»...!

SERGE   Hoje você está querendo me provocar.

MARC   Não...

YVAN   Vocês não vão começar a brigar, só faltava isso!

SERGE   Você não acha incrível que um homem que escreveu um livro há quase dois mil anos seja até hoje atual?

MARC   Claro. Claro, claro. É da natureza dos clássicos.

SERGE   Como queira.

YVAN   Então, o que vamos fazer? O cinema foi para o espaço, imagino, desculpem. Vamos jantar?

MARC   O Serge me disse que você ficou bastante impressionado com o quadro dele.

YVAN   Sim... Fiquei bastante impressionado com esse quadro, sim... Você não, eu sei.

MARC   Não. Vamos jantar. O Serge conhece um lionês ótimo.

SERGE   Você acha muito pesado.

MARC   Eu acho um pouco pesado, mas topo experimentar.

SERGE   Mas não, se você acha muito pesado, vamos em outro lugar.

MARC   Não, eu topo experimentar.

SERGE   A gente vai a esse restaurante se for do seu agrado. Se não, a gente não vai! (*para Yvan*) E você, quer comida lionesa?

YVAN   Eu faço o que vocês quiserem.

MARC   Ele faz o que a gente quiser, ele faz sempre aquilo que a gente quer.

YVAN   Mas o que é que vocês dois têm hoje? Vocês estão muito estranhos!

SERGE   Ele tem razão, você bem que poderia ao menos uma vez ter uma opinião própria.

YVAN   Escutem aqui, se vocês querem me pegar para cristo, eu vou embora! Eu já aguentei o suficiente hoje.

MARC   Um pouco de humor, Yvan.

YVAN   Oi?

MARC   Um pouco de humor, meu caro.

YVAN   Um pouco de humor? Não vejo qual é a graça. Um pouco de humor. Você é muito engraçadinho.

MARC   Eu acho que está te faltando um pouco de humor ultimamente. Presta atenção. Olha para mim!

YVAN   O que é que você tem?

MARC   Você não acha que também tem me faltado um pouco de humor ultimamente?

YVAN   É mesmo?

SERGE   Chega, basta, temos que decidir. Para dizer a verdade, nem estou com fome.

YVAN   Vocês estão realmente estranhos esta noite!...

SERGE   Quer que eu te dê a minha opinião sobre as tuas histórias com mulheres?

YVAN   Diga.

SERGE   A mais histérica de todas, a meu ver, é a Catherine. De longe.

MARC   É óbvio.

SERGE   E, se desde já você deixa que ela te encha o saco, prepare-se para um futuro terrível.

YVAN   O que é que eu posso fazer?

MARC   Cancelar.

YVAN   Cancelar o casamento?!

SERGE   Ele tem razão.

YVAN   Mas eu não posso, vocês estão malucos!

MARC   Por quê?

YVAN   Mas porque eu não posso, faça-me o favor! Está tudo organizado. Estou na papelaria há um mês...

MARC   O que isso tem a ver?

YVAN   A papelaria é do tio dela, que não tinha absolutamente nenhum motivo para contratar quem quer que seja, ainda menos um cara que sempre só trabalhou com tecidos.

SERGE   Faça o que quiser. Eu te dei minha opinião.

YVAN   Peraí, Serge, sem querer te ofender, você não é exatamente o homem mais adequado para dar conselhos matrimoniais. Não se pode dizer que a tua vida nesse quesito tenha sido um grande sucesso...

SERGE   Justamente.

YVAN   Não posso cancelar o casamento. Eu sei que a Catherine é histérica, mas ela tem qualidades. Ela tem qualidades que são imprescindíveis quando alguém se casa com um homem como eu... (*apontando para o Antrios*) Onde você vai colocar?

SERGE   Ainda não sei.

YVAN   Por que você não coloca ali?

SERGE   Porque ali ele vai ser destruído pela luz do sol.

YVAN   Ah, sim. Eu pensei em você hoje, na loja fizemos a reprodução de quinhentos cartazes de um cara que pinta flores brancas, completamente brancas, sobre um fundo branco.

SERGE   O Antrios não é branco.

YVAN   Não, claro que não. Falei por falar.

MARC   Você acha, Yvan, que este quadro não é branco?

YVAN   Não completamente, não...

MARC   Ah, ok. E que cor você vê?...

YVAN   Vejo cores... Vejo amarelo, cinza, algumas linhas um pouco ocre...

MARC   E essas cores te tocam.

YVAN   Sim... Essas cores me tocam.

MARC   Yvan, você não tem consistência. Você é um ser híbrido e frouxo.

SERGE   Por que você está tão agressivo assim com o Yvan?

MARC   Porque ele é um mero bajulador, servil, deslumbrado com o dinheiro, deslumbrado com aquilo que ele acredita ser a cultura, cultura, aliás, que atualmente me dá nojo.

Um breve silêncio.

SERGE   ... O que é que você tem?

MARC   (*para Yvan*) Como você pode, Yvan?... Na minha frente. Na minha frente, Yvan.

YVAN   Na sua frente o quê?... Na sua frente, o quê?... Essas cores me tocam. Sim. Quer você goste ou não. E pare de querer controlar tudo.

MARC   Como você pode dizer, na minha frente, que essas cores te tocam?...

YVAN   Porque é a verdade.

MARC   A verdade? Essas cores te tocam?

YVAN   Sim. Essas cores me tocam.

MARC   Essas cores te tocam, Yvan?!

SERGE   Essas cores o tocam! Ele tem o direito!

MARC   Não, ele não tem o direito.

SERGE   Como assim, ele não tem o direito?

MARC   Ele não tem o direito.

YVAN   Eu não tenho o direito?!...

MARC   Não.

SERGE   Por que ele não tem o direito? Olha, você não está passando por um bom momento, melhor procurar uma ajuda.

MARC   Ele não tem o direito de dizer que essas cores o tocam, porque isso não é verdade.

YVAN   Essas cores não me tocam?!

MARC   Não há cores. Você não as vê. E elas não te tocam.

YVAN   Fale por você!

MARC   Que degradante, Yvan!...

SERGE   Mas quem você pensa que é, Marc?!... Quem é você para impor a sua lei? Um cara que não gosta de nada, que despreza todo mundo, que coloca como ponto de honra não ser um homem do seu tempo...

MARC   O que quer dizer ser um homem do seu tempo?

YVAN   Tchau. Eu vou embora.

SERGE   Aonde você vai?

YVAN   Vou embora. Não vejo por que tenho que aguentar as picuinhas de vocês.

SERGE   Fica. Não vai começar a dar uma de ofendido... Se você for embora, vai dar razão para ele (*Yvan permanece, hesitante, não consegue se decidir*). Um homem do seu tempo é um homem que vive em seu próprio tempo.

MARC   Que bobagem. Como um homem pode viver em outro tempo que não seja o seu? Me explica.

SERGE   Um homem do seu tempo é alguém de quem poderemos dizer, daqui a vinte anos, cem anos, que ele é representativo da sua época.

MARC   Hum, hum. E para quê?

SERGE   Como para quê?

MARC   De que me serve que um dia digam de mim, ele foi representativo da sua época?

SERGE   Mas, meu caro, não se trata de você, meu pobre camarada! Pra você, não estamos nem aí! Um homem do seu próprio tempo, como eu te disse, a maior parte dos que você admira, é uma contribuição para a humanidade... Um homem do seu tempo não interrompe a história da pintura diante de uma vista pseudoflamenga de Cavaillon...

MARC   Carcassonne.

SERGE   Sim, é a mesma coisa. Um homem do seu tempo participa da dinâmica intrínseca da evolução...

MARC   E isso é bom, de acordo com você.

SERGE   Não é nem bom nem ruim — por que você quer dar um juízo moral? —, é da natureza das coisas.

MARC   Você, por exemplo, você participa da dinâmica intrínseca da evolução.

SERGE   Sim.

MARC   E o Yvan?...

YVAN   Claro que não. Um ser híbrido não participa de nada.

SERGE   O Yvan, à sua maneira, é um homem do seu tempo.

MARC   E de onde você deduz isso? Imagino que não daquele borrão que ele deixa em cima da lareira!

YVAN   Não é de maneira alguma um borrão.

SERGE   Sim, é um borrão.

YVAN   Claro que não!

SERGE   Pouco importa. O Yvan é representativo de um certo modo de vida, de pensamento, que é absolutamente contemporâneo. Como você, aliás. Você é tipicamente, lamento dizer, um homem do seu tempo. E, na verdade, quanto mais você tenta não ser, mais você é.

MARC Então, ótimo, tudo sob controle. Onde está o problema?

SERGE O problema se coloca unicamente para você, que faz ser uma questão de honra querer se excluir da humanidade. E que obviamente não consegue. Você está como nas areias movediças, quanto mais você tenta escapar, mais se afunda. Peça desculpas ao Yvan.

MARC O Yvan é um covarde.

Com essas palavras, Yvan toma sua decisão: sai precipitadamente. Uma breve pausa.

SERGE Meus parabéns.

Silêncio.

MARC É melhor não fazermos nada juntos hoje à noite... não é? É melhor eu ir embora também...

SERGE Talvez...

MARC Bem...

SERGE É você que é covarde... Você implica com um rapaz que é incapaz de se defender... Você sabe muito bem disso.

MARC Você tem razão... Você tem razão, e isso que você acabou de dizer faz com que eu me sinta ainda pior... Veja só, num piscar de olhos, eu não compreendo mais, já não sei mais o que me liga ao Yvan... Eu não compreendo mais em que consiste a minha relação com esse rapaz.

SERGE O Yvan sempre foi isso que ele é.

MARC Não. Ele tinha uma insensatez, ele tinha incoerência... Ele era frágil, mas era desconcertante pela sua insensatez...

SERGE E eu?

MARC Você o quê?

SERGE Você sabe o que te liga a mim?...

MARC ... Uma questão que poderia nos levar bem longe...

SERGE Vamos lá.

Um breve silêncio.

MARC ... Me sinto mal por ter magoado o Yvan.

SERGE Ah, finalmente uma palavra ligeiramente humana na tua boca... Ainda mais porque eu acho que o borrão que ele tem na lareira foi o pai dele quem pintou.

MARC Verdade? Merda.

SERGE   Sim...

MARC   Mas você também...

SERGE   Sim, sim, mas eu me lembrei enquanto dizia isso a ele.

MARC   Ah, merda...

SERGE   Mmm...

Uma breve pausa.

Tocam a campainha.
Serge vai abrir a porta.

Yvan entra imediatamente na cena e, tal como antes, começa a falar assim que chega.

YVAN   O retorno de Yvan! O elevador está ocupado, corro escada abaixo e penso, enquanto vou despencando, covarde, híbrido, sem consistência, digo a mim mesmo, agora volto com uma arma e o mato, ele vai ver se sou frouxo e servil, chego lá embaixo, digo a mim mesmo, não, meu caro, você não fez seis anos de análise para matar o teu melhor amigo e não fez seis anos de análise para não perceber por trás desse delírio verbal um profundo mal–estar, começo a subir de volta e digo a mim mesmo, enquanto vou subindo os degraus do perdão, o Marc está pedindo ajuda, tenho que ajudá–lo nem que isso me custe... Além disso, outro dia falei de vocês com o Finkelzohn...

SERGE   Você fala da gente com o Finkelzohn?!

YVAN   Eu falo de tudo com o Finkelzohn.

SERGE   E por que você fala da gente?

MARC   Eu te proíbo de falar de mim com esse imbecil.

YVAN   Você não me proíbe de nada.

SERGE   Por que você fala da gente?

YVAN   Eu sinto que a relação de vocês está tensa, e gostaria que Finkelzohn me esclarecesse...

SERGE   E o que esse cretino diz?

YVAN   Ele diz algumas coisas engraçadas...

MARC   Eles dão a própria opinião?

YVAN   Não, eles não dão a própria opinião, mas dessa vez ele deu, ele fez mesmo um gesto, ele, que nunca faz gestos, é sempre frio, eu falo para ele se mexer!...

SERGE   E então, o que ele disse?!

MARC   Mas que se foda o que ele disse!

SERGE   O que ele disse?

MARC   No que é que isso interessa pra gente?

SERGE Eu quero saber o que esse cretino disse, porra!

YVAN (*vasculha no bolso do paletó*) Querem saber... (*tira um papel dobrado*)

MARC Você anotou?

YVAN (*desdobrando o papel*) Anotei porque é complicado... Leio para vocês?

SERGE Leia.

YVAN ... «Se eu sou eu porque sou eu, e você é você porque é você, eu sou eu e você é você. Se, por outro lado, eu sou eu porque você é você, e você é você porque eu sou eu, então eu não sou eu e você não é você...»
Agora vocês entendem por que eu tive que escrever.

Breve silêncio.

MARC Quanto você paga para ele?

YVAN Quatrocentos francos a sessão, duas vezes por semana.

MARC Que beleza.

SERGE E em espécie. Porque eu descobri uma coisa, você não pode pagar com cheque. Freud disse que você tem que sentir as notas indo embora.

MARC Você é sortudo em ter um cara assim como mentor.

SERGE Ah, sim!... E você fará a gentileza de transcrever essa formulação pra gente.

MARC Sim. Ela certamente nos será útil.

YVAN (*dobrando novamente o papel com cuidado*) Vocês estão enganados. É muito profundo.

MARC Se é graças a ele que você voltou para dar a outra face, pode lhe agradecer. Ele fez de você um cagão, mas você está contente, é o que importa.

YVAN (*para Serge*) Tudo isso só porque ele não quer acreditar que eu aprecio o seu Antrios.

SERGE Eu não estou nem aí para o que você pensa desse quadro. Nem você, nem ele.

YVAN Quanto mais o observo, mais gosto dele, te garanto.

SERGE Proponho que a gente pare de falar desse quadro de uma vez por todas, ok? É uma discussão que não me interessa.

MARC Por que você se ofende assim?

SERGE Eu não me ofendo, Marc. Você expressou a sua opinião. Ótimo. O assunto está encerrado.

MARC Está vendo como você se ofende?

SERGE Eu não me ofendo. Estou exausto.

MARC   Se você se ofende, isso significa que você depende da opinião dos outros...

SERGE   Estou exausto, Marc. Isso tudo é inútil... Pra dizer a verdade, agora, estou prestes a me aborrecer com vocês.

YVAN   Vamos jantar!

SERGE   Vão vocês dois, por que vocês dois não vão juntos?

YVAN   Ah, não! Agora que estamos juntos os três!

SERGE   Aparentemente não está funcionando pra nós.

YVAN   Não entendo o que está acontecendo. Vamos nos acalmar. Não tem motivo nenhum para brigar, ainda menos por um quadro.

SERGE   Você tem consciência de que está jogando óleo na fervura com os teus «vamos nos acalmar» e o teu jeito de padre? Qual é a novidade?

YVAN   Vocês não vão conseguir me abalar.

MARC   Você me impressiona. Vou ter que me consultar também com esse Finkelzohn!...

YVAN   Você não pode, ele não tem mais horário. O que você está comendo?

MARC   Gelsemium.

YVAN   Entrei na sequência lógica das coisas, casamento, filhos, morte. Papelaria. O que é que pode me acontecer?

Movido por um impulso repentino, Serge pega o Antrios e o coloca onde estava antes, fora da cena. Volta rapidamente.

MARC   Nós não somos dignos de observá–lo...

SERGE   Exato.

MARC   Ou você tem medo de que, na minha presença, acabe por observá–lo com os meus olhos...

SERGE   Não. Você sabe o que o Paul Valéry disse? Vou levar água para o teu moinho.

MARC   Não estou nem aí para o que Paul Valéry disse.

SERGE   Você não gosta mais nem do Paul Valéry?

MARC   Não me cite o Paul Valéry.

SERGE   Mas você amava Paul Valéry!

MARC   Estou pouco me ferrando para o que o Paul Valéry diz.

SERGE   Foi você quem me fez descobrir ele. Foi você mesmo que me fez descobrir Paul Valéry!

MARC   Não me cite o Paul Valéry, estou cagando para o que o Paul Valéry diz.

SERGE   E pra o que é que você não está cagando?

MARC   Para o fato de que você tenha comprado esse quadro. De que você tenha pagado duzentos mil francos por essa merda.

YVAN   Você não vai recomeçar, Marc!

SERGE   E eu agora vou dizer para o que é que eu não estou cagando — já que estamos trocando confidências —, eu não estou cagando pra maneira com que você deu a entender pelo seu risinho e suas insinuações que eu mesmo achava essa obra grotesca. Você negou que eu pudesse sinceramente me afeiçoar a ela. Você tentou criar uma odiosa cumplicidade entre nós. E, para retomar a tua formulação, Marc, é isso que me liga menos a você ultimamente, essa desconfiança permanente que você demonstra.

MARC   A verdade é que eu não consigo imaginar que você sinceramente goste desse quadro.

YVAN   Mas por quê?

MARC   Porque eu gosto do Serge e sou incapaz de gostar de um Serge que compra esse quadro.

SERGE   Por que você diz, que compra, por que você não diz, que gosta?

MARC   Porque eu não posso dizer, que gosta, eu não consigo acreditar nisso, que gosta.

SERGE   Então, que compra por quê, se eu não gosto?

MARC   É essa a questão.

SERGE   (*para Yvan*) Olha como ele me responde com insolência! Eu faço o papel do imbecil, e ele me responde com o tranquilo empolamento do subentendido!... (*Para Marc*) E você não imaginou nem por um segundo, no caso, mesmo improvável, de que eu possa gostar realmente, que me fere ouvir o teu julgamento categórico, incisivo, cúmplice nessa aversão?

MARC   Não.

SERGE   Quando você me perguntou o que eu pensava da Paula — uma mulher que durante um jantar inteiro ficou defendendo, para mim, que era possível curar a síndrome de Ehlers–Danlos com homeopatia —, eu não te disse que achava ela feia, grosseira e sem charme. Eu poderia ter dito.

MARC   É isso que você pensa da Paula?

SERGE   O que você acha?

YVAN   Ah, não, ele não pensa isso! Ninguém pode pensar isso da Paula!

MARC   Me responde!

SERGE   Viu? Viu o efeito que isso provoca?

MARC   Você realmente pensa isso que você acabou de dizer da Paula?

SERGE   Na verdade, pior.

YVAN   Ah, não!!!

MARC   Pior, Serge? Pior que grosseira? Poderia me explicar o que é pior que grosseira?!...

SERGE   Ah, ah! Quando nos atingem pessoalmente, as palavras têm um sabor mais amargo, não é?!

MARC   Serge, me explica o que é pior que grosseira...

SERGE   Não adote esse tom gélido. Nem que fosse só — vou te responder —, nem que fosse só pela maneira que ela tem de afastar com a mão a fumaça dos cigarros...

MARC   A maneira que ela tem de afastar com a mão a fumaça dos cigarros...

SERGE   Sim. A maneira que ela tem de afastar com a mão a fumaça dos cigarros. Um gesto que, para você, parece insignificante, um gesto inócuo, diria você, mas de forma alguma, a maneira que ela tem de afastar com a mão a fumaça dos cigarros é a própria essência da grosseria dela.

MARC   ... Você está falando da Paula, a mulher com quem vivo, nesses termos intoleráveis, porque você desaprova a maneira que ela tem de afastar com a mão a fumaça dos cigarros...

SERGE   Sim. A maneira que ela tem de afastar com a mão a fumaça dos cigarros a condena irremediavelmente.

MARC   Serge, me explique, antes que eu perca totalmente o controle de mim mesmo. É muito grave o que você está fazendo.

SERGE   Qualquer mulher diria, me desculpe, a fumaça me incomoda um pouco, você poderia mudar de lugar, não, ela não se digna a falar, ela desenha o seu desprezo no ar, um gesto calculado, de uma indolência um pouco perniciosa, um movimento das mãos que ela supõe imperceptível e que subentende, fumem, fumem, é desesperador, mas de que serve chamar a atenção para isso, e faz com que você se pergunte se é você ou é o cigarro que está incomodando.

YVAN   Você está exagerando!...

SERGE   Percebe, ele não disse que estou errado, ele disse que estou exagerando, ele não disse que estou errado. A maneira que ela tem de afastar com a mão a fumaça dos cigarros revela uma natureza fria, condescendente e fechada para o mundo. Igual ao que você mesmo está se tornando. É triste, Marc, é realmente triste que você tenha se envolvido com uma mulher tão negativa...

YVAN   A Paula não é negativa!...

MARC   Retire tudo que você acabou de dizer, Serge.

SERGE   Não.

YVAN   Sim, por favor!...

MARC   Retire o que você acabou de dizer...

YVAN   Retire, retire! É ridículo!

MARC   Serge, pela última vez, estou te intimando a retirar o que você acabou de dizer.

SERGE   Um casal aberrante, a meu ver. Um casal de fósseis.

Marc se joga sobre Serge.
Yvan se precipita para se interpor entre eles.

MARC   (*para Yvan*) Cai fora!...

SERGE   (*para Yvan*) Não se meta...

Segue uma espécie de luta grotesca, muito breve, que termina com um golpe que lamentavelmente atinge Yvan.

YVAN   Puta merda!... Puta merda!...

SERGE   Deixa eu ver, deixa eu ver... (*Yvan geme. Mais que o necessário, ao que parece*) Mas deixa eu ver!... Não é nada... Você não tem nada... Espera... (*Ele sai e volta com uma compressa*) Toma, coloca isso em cima por cinco minutos.

YVAN   ... Vocês são completamente anormais, vocês dois. Duas pessoas normais que perdem completamente o controle!

SERGE Fique calmo.

YVAN Está doendo de verdade!... Vai ver que vocês perfuraram o meu tímpano!...

SERGE Claro que não.

YVAN O que você sabe disso? Você não é otorrino!... Amigos como vocês, pessoas esclarecidas!...

SERGE Vamos, se acalme.

YVAN Você não pode destruir uma pessoa só porque não gosta da maneira que ela tem de afastar com a mão a fumaça dos cigarros!...

SERGE Posso, sim.

YVAN Mas isso não tem o menor sentido!

SERGE O que é que você sabe sobre o que tem sentido ou não?

YVAN Isso, me agrida, continua a me agredir!... Talvez eu esteja com hemorragia interna, vi passar um camundongo...

SERGE É um rato.

YVAN Um rato!

SERGE Sim, ele às vezes passa por aqui.

YVAN   Você tem um rato?!

SERGE   Não tire a compressa, deixe a compressa.

YVAN   O que vocês têm?... O que aconteceu entre vocês? Alguma coisa aconteceu para vocês ficarem insanos desse jeito!

SERGE   Eu comprei uma obra que não agradou ao Marc.

YVAN   Você insiste!... Vocês dois entraram numa espiral e não conseguem mais parar... Parece eu e a Yvonne. A relação mais patológica que existe!

SERGE   Quem é Yvonne?

YVAN   A mulher do meu pai!

SERGE   Fazia muito tempo que você não falava nela.

Um breve silêncio.

MARC   Por que você não me disse de cara o que pensava da Paula?

SERGE   Não queria te magoar.

MARC   Não, não, não...

SERGE   O que, não, não, não?...

MARC   Não. Quando eu te perguntei o que você pensava da Paula, você respondeu: vocês foram feitos um para o outro.

SERGE   Sim...

MARC   E era positivo na tua boca.

SERGE   Sem dúvida...

MARC   Sim, sim. Naquela época, sim.

SERGE   Bom, o que é que você quer provar, então?

MARC   Hoje em dia, o julgamento que você faz da Paula, na verdade de mim, pende para o lado negativo.

SERGE   ... Não estou entendendo.

MARC   Mas é claro que você está entendendo.

SERGE   Não.

MARC   Desde que eu não consigo mais te acompanhar no teu furioso, ainda que recente, apetite por novidades, eu me tornei «condescendente», «fechado para o mundo»... «fossilizado»...

YVAN   Está me perfurando! Tem um parafuso atravessando o meu cérebro!

SERGE   Quer um gole de conhaque?

YVAN   Você acha mesmo?... Se eu tenho um negócio estragado dentro do cérebro, você não acha que o álcool é contraindicado?...

SERGE   Quer uma aspirina?

YVAN   Não sei se a aspirina...

SERGE   Então, o que é que você quer?!

YVAN   Não precisam cuidar de mim. Continuem com essa conversa absurda de vocês, não se preocupem comigo.

MARC   É difícil.

YVAN   Vocês poderiam ter um pingo de compaixão. Não.

SERGE   Eu aceito que você viva com a Paula. Não tenho nada contra você estar com a Paula.

MARC   Você não tem motivo algum para ter algo contra mim.

SERGE   E você, você tem razão de ter algo contra mim... Veja você, eu ia dizer, porque estou com o Antrios!

MARC   Sim.

SERGE   ... Tem alguma coisa que me escapa.

MARC   Eu não te substituí pela Paula.

SERGE   E eu, eu te substituí pelo Antrios?

MARC   Substituiu.

SERGE   ... Eu te substituí pelo Antrios?!

MARC   Substituiu. Pelo Antrios... e companhia.

SERGE   (*para Yvan*) Você está entendendo o que ele diz?...

YVAN   Não estou nem aí, vocês estão loucos.

MARC   Na minha época, você jamais teria comprado essa tela.

SERGE   O que é que isso significa, na tua época?!

MARC   Na época em que você me considerava em relação aos outros, na época em que você media as coisas pela minha régua.

SERGE   Houve uma época assim entre nós?

MARC   Como é cruel. E mesquinho da tua parte.

SERGE   Não, te garanto, estou estarrecido.

MARC   Se o Yvan não fosse esse ser esponjoso que ele se tornou, ele me apoiaria.

YVAN   Vai, vai, eu te disse, isso não me afeta em nada.

MARC   (*para Serge*) Houve um tempo em que você tinha orgulho de me ter como amigo... Você se alegrava com a minha estranheza, com a minha propensão a ficar de fora. Você adorava exibir a minha selvageria em sociedade, você, que vivia tão normalmente. Eu era o teu álibi. Mas... com o passar do tempo, parece que essa espécie de afeição se esgota... Com a idade, você está reivindicando a sua autonomia...

SERGE   Eu aprecio «com a idade».

MARC   E eu odeio essa autonomia. A violência dessa autonomia. Você está me abandonando. Fui traído. Você é um traidor para mim.

Silêncio.

SERGE   (*para Yvan*) ... Ele era o meu mentor, se entendi bem... (*Yvan não responde. Marc o encara com desprezo. Breve pausa*) ... E se eu, se eu gostava de você como mentor... e você, de que natureza era o seu sentimento?

MARC   Você pode intuir.

SERGE   Sim, posso, mas eu gostaria de escutar de você.

MARC   ... Eu gostava do teu olhar. Eu ficava lisonjeado. Sempre fui grato a você por me considerar único. Cheguei até mesmo a acreditar que isso de ser único fosse uma espécie de superioridade, até o dia em que você me disse o contrário.

SERGE   É chocante.

MARC   É a verdade.

SERGE   Que desastre...!

MARC   Sim, que desastre!

SERGE   Que desastre!

MARC   Para mim sobretudo... Você encontrou uma nova família. A tua natureza idólatra encontrou outros objetos de adoração. O Artista!... A *Desconstrução*!...

Breve silêncio.

YVAN   O que seria a desconstrução?

MARC   Você não conhece a desconstrução?... Pergunte ao Serge, ele domina perfeitamente essa noção... (*para Serge*) Para tornar compreensível para mim uma obra absurda, você foi procurar essa sua terminologia nos registros de obras públicas... Ah, você ri! Veja só, quando você sorri assim, renasce a minha esperança, que idiota...

YVAN   Façam as pazes! Passemos uma noite agradável, isso tudo é ridículo!

MARC   ... A culpa é minha. A gente não tem se visto muito nos últimos tempos. Eu estive ausente, você começou a frequentar as altas–rodas... Os Rops... Os Desprez–Coudert... esse dentista, Guy Hallié... Foi ele que te...

SERGE   Não, não, não, não, absolutamente, não é o mundo dele, ele se interessa apenas pela arte conceitual...

MARC   Ok, enfim, é a mesma coisa.

SERGE   Não, não é a mesma coisa.

MARC   Está vendo? Mais uma prova de que eu te deixei à deriva...
A gente não se entende nem mesmo numa conversa normal.

SERGE   Eu ignorava completamente — de fato, é uma descoberta — o quanto eu estava sob o teu comando, o quanto eu estava sob o teu domínio...

MARC   Sob o meu domínio, não... Não se deve jamais deixar os próprios amigos sem vigilância. É preciso sempre vigiar os próprios amigos. Do contrário, eles escapam... Observe o pobre Yvan, que nos encantava com seu comportamento desenfreado e que deixamos que se tornasse medroso, vendedor de papel... Daqui a pouco, casado... Alguém que nos oferecia a sua singularidade e agora faz de tudo para apagá-la.

SERGE   Que *nos* oferecia! Você percebe o que está dizendo? Tudo sempre em função de você! Aprenda a amar as pessoas por elas mesmas, Marc!

MARC   O que é que isso quer dizer, por elas mesmas?!

SERGE   Pelo que elas são.

MARC   Mas o que é que elas são?! O que é que elas são?!... Exceto as esperanças que eu deposito nelas?... Eu procuro desesperadamente um amigo que tenha alguma existência antes de mim. Até agora, não tive sorte. Eu tive que moldar vocês... Mas, como podem ver, não funciona.

Cedo ou tarde, a criatura vai jantar na casa dos Desprez-Coudert e, para validar o seu novo status, compra um quadro branco.

Silêncio.

SERGE   E, assim, estamos aqui pondo fim a uma relação de quinze anos...

MARC   Sim...

YVAN   Lamentável...

MARC   Veja só, se tivéssemos conseguido nos falar normalmente, se eu tivesse conseguido me expressar mantendo a calma...

SERGE   Sim?...

MARC   Não...

SERGE   Sim. Fale. Que a gente troque ao menos uma palavra amena.

MARC   ... Eu não acredito nos valores que regem a arte hoje em dia... A lei do novo. A lei da surpresa... A surpresa é uma coisa morta. Morta no nascedouro, Serge...

SERGE   Ok. E então?

MARC   É isso. Eu também fui para você da ordem da surpresa.

SERGE   Mas o que é que você está dizendo?!

MARC   Uma surpresa que durou por um certo tempo, devo dizer.

YVAN   Finkelzohn é um gênio.
Tenho que dizer a vocês que ele tinha entendido tudo!

MARC   Eu adoraria, Yvan, que você parasse de bancar o árbitro e que você parasse de se considerar alheio a esta conversa.

YVAN   Você quer me colocar no meio, sem chance, o que é que eu tenho com isso? Eu já estou com o tímpano perfurado, acertem as contas de vocês sozinhos agora!

MARC   Ele pode estar com o tímpano perfurado? Eu dei um safanão muito forte nele.

SERGE   (*rindo*) Te imploro, não fique aí se gabando.

MARC   Veja, Yvan, o que não aguento em você neste momento — além de tudo que eu já te disse e que eu penso — é o teu desejo de nos nivelar. Iguais, é o que você queria que fôssemos. Para deixar na surdina a tua covardia. Iguais na discussão, iguais na amizade de antes. Mas nós não somos iguais, Yvan. Você vai ter que tomar partido.

YVAN   Já tomei.

MARC   Perfeito.

SERGE   Eu não preciso de apoiadores.

MARC   Você não vai desdenhar o coitadinho.

YVAN   Por que a gente continua a se ver se a gente se odeia? A gente se odeia, isso é evidente! Bem, eu não odeio vocês, mas vocês se odeiam! E me odeiam! Então, para que se ver?... Eu estava pronto para passar uma noite relaxante depois de uma semana cheia de chateações absurdas, encontrar os meus dois melhores amigos, ir ao cinema, rir, desanuviar...

SERGE   Você reparou que você fala só de você?

YVAN   E vocês falam de quem, vocês? Todo mundo fala de si!

SERGE   Você está ferrando com a nossa noite, você...

YVAN   Eu estou ferrando com a noite de vocês?!

SERGE   Está.

YVAN   Eu estou ferrando com a noite de vocês?! Eu?! Eu, eu estou ferrando com a noite de vocês?

MARC   Sim, está, não fique nervoso!

YVAN   Sou eu que estou ferrando com a noite?!!!...

SERGE   Você vai repetir isso quantas vezes?

YVAN   Não, mas me responda, sou eu que estou ferrando com a noite?!

MARC   Você chega quarenta e cinco minutos atrasado, não pede desculpas, enche a nossa paciência com as tuas chateações domésticas...

SERGE   E a tua presença apática, a tua presença de espectador apático e neutro, leva a gente, Marc e eu, aos piores excessos.

YVAN   Você também? Agora você também vai começar?

SERGE   Vou, porque, nesse ponto, estou plenamente de acordo com ele. Você cria as condições para o conflito.

MARC   É insuportável essa voz da razão afetada e subserviente que você está tentando que a gente escute desde que você chegou.

YVAN   Vocês sabem que eu posso chorar... Posso começar a chorar agora... Na verdade, falta pouco...

MARC   Chora.

SERGE   Chora.

YVAN   Chora! Vocês me dizem, chora!!!...

MARC   Você tem todas as razões para chorar, vai se casar com uma bruaca, está perdendo amigos que você considerava eternos...

YVAN   Ah, então é assim, está tudo terminado!

MARC   Foi você mesmo quem disse, para que se ver se a gente se odeia?

YVAN   E o meu casamento?! Vocês são os padrinhos, lembram?

SERGE   Ainda dá tempo de mudar.

YVAN   Claro que não! Já dei o nome de vocês.

MARC   Você pode escolher outros de última hora.

YVAN   Eles não deixam!

SERGE   Claro que deixam!...

YVAN   Não!...

MARC   Não entre em pânico, a gente vai.

SERGE   Você deveria cancelar esse casamento.

MARC   Isso lá é verdade.

YVAN   Mas que porra! O que é que eu fiz para vocês, caralho?!...

Cai no choro.
Pausa.

YVAN   É abjeto isso que vocês estão fazendo! Vocês poderiam ter esperado o dia 12 para se engalfinhar, mas não, vocês estão dando um jeito de estragar o meu casamento, um casamento que já é uma calamidade, que me fez perder quatro quilos, vocês estão arruinando definitivamente! As duas únicas pessoas cuja presença me dava uma sombra de satisfação se empenham em se destruir mutuamente, sou realmente um homem de sorte!... (*para Marc*) Você acha que eu amo plástico para fichário, fita adesiva, você acha que um homem normal pode desejar, um dia, vender pasta sanfonada?!... O que você quer que eu faça? Eu banquei o idiota até os quarenta anos, ah, sim, claro, eu divertia você, eu divertia muito meus amigos com as minhas bobagens, mas, à noite, quem é que fica sozinho como um rato? Quem, à noite, volta completamente sozinho para a sua toca? O bufão completamente sozinho, que liga qualquer coisa que fale e que encontra quem na secretária eletrônica? A própria mãe. A própria mãe e a própria mãe.

Um breve silêncio.

MARC   Não fique desse jeito.

YVAN   Não fique desse jeito! Quem me deixou desse jeito?! Eu não tenho a suscetibilidade de alma de vocês, quem sou eu? Um tipo que não conta nada, que não tem opinião, um maria vai com as outras, sempre fui um maria vai com as outras!

MARC   Se acalme...

YVAN   Não me diga para me acalmar! Eu não tenho nenhuma razão para me acalmar, se você quer me deixar doido, é só me dizer, se acalme! Se acalme é a pior coisa que se pode dizer a alguém que perdeu a calma! Eu não sou como vocês, não ambiciono ter autoridade, não quero ser uma referência, não quero existir por mim mesmo, eu quero ser o amigo de vocês Yvan, o frívolo! Yvan, o frívolo.

Silêncio.

SERGE   Se pudermos não descambar pro patético...

YVAN   Eu terminei. Você não tem nada para beliscar? Qualquer coisa, só para eu não cair desmaiado.

SERGE   Tenho azeitonas.

YVAN   Serve.

Serge lhe dá uma tigela de azeitonas que está ao alcance de sua mão.

SERGE   (*para Marc*) Você também quer?

Marc aceita.
Yvan lhe passa a tigela.
Eles comem azeitonas.

YVAN   ... Você não tem um pratinho para colocar os...

SERGE   Tenho.

Ele pega um pires e o coloca sobre a mesa.
Uma pausa.

YVAN   (*enquanto come as azeitonas*) ... Chegar a esses extremos... Um cataclismo por um painel branco...

SERGE   Ele não é branco.

YVAN   Uma merda branca!... (*ele tem um ataque de riso*) ... Porque é uma merda branca!... Reconheça, meu camarada!... É insano isso que você comprou!...

Marc ri, levado pela desmesura de Yvan.

Serge sai de cena.
E logo volta com o Antrios, que ele coloca no mesmo lugar.

SERGE   (*para Yvan*) Você tem aí com você suas famosas canetas?...

YVAN   Para quê?... Você não vai desenhar no quadro, vai?...

SERGE   Você tem ou não?

YVAN   Espera... (*ele procura nos bolsos do paletó*) Tenho... Uma azul...

SERGE   Me dá.

Yvan passa a caneta a Serge.
Serge pega a caneta, tira a tampa, observa por um momento a ponta, coloca de volta a tampa.
Eleva o olhar em direção a Marc e joga para ele a caneta. Marc a agarra.

Breve pausa.

SERGE   (*para Marc*) Vai lá. (*Silêncio*) Vai lá!

Marc se aproxima do quadro… Olha para Serge… Em seguida, tira a tampa da caneta.

YVAN   Você não vai fazer isso!…

Marc olha para Serge…

SERGE   Vai!

YVAN   Vocês são loucos varridos, os dois!

Marc se abaixa para ficar na altura do quadro.

Sob o olhar horrorizado de Yvan, ele acompanha com a caneta uma das listras transversais.
Serge está impassível.
Em seguida, com esmero, Marc desenha sobre essa linha descendente um pequeno esquiador com um gorro na cabeça.

Ao terminar, ele se levanta e contempla sua obra.

Serge não move um músculo.
Yvan está petrificado.

Silêncio.

SERGE   Muito bem. Estou com fome.
Vamos jantar?

Marc esboça um sorriso.
Ele coloca a tampa de volta e, num gesto lúdico, joga a caneta para Yvan, que a pega no ar.

Casa de Serge.

No fundo, pregado na parede, o Antrios. Em pé, diante da tela, Marc segura uma bacia de água na qual Serge embebe um pequeno pedaço de pano.
Marc arregaçou as mangas da camisa, e Serge está usando um pequeno avental bastante curto de pintor de parede.
Próximo a eles, veem-se alguns produtos, frascos ou garrafas de aguarrás, água sanitária, panos e esponjas...
Com um gesto bem delicado, Serge dá um último toque na limpeza do quadro.
O Antrios recuperou toda a sua brancura original.
Marc apoia a bacia e olha o quadro.
Serge se volta para Yvan, que está sentado ao fundo.
Yvan aprova.
Serge dá um passo para trás e contempla, por sua vez, a obra.

Silêncio.

YVAN (*como se estivesse sozinho. Ele fala para nós com uma voz levemente abafada*) ... No dia seguinte ao casamento, a Catherine depositou no cemitério Montparnasse, sobre o túmulo da sua mãe morta, o seu buquê de noiva e um saquinho de amêndoas confeitadas. Eu me afastei discretamente para poder chorar atrás de uma capela e, à noite, pensando de novo nesse gesto comovente, solucei mais uma vez em silêncio na minha cama. Tenho que falar com o Finkelzohn de qualquer maneira a respeito da minha propensão a chorar, eu choro o tempo todo, o que não é normal para um homem da minha idade. Isso começou, ou ao menos se manifestou claramente, na noite do quadro branco na casa do Serge. Depois que o Serge demonstrou para o Marc, num gesto de puro desatino, que para ele era mais importante o Marc do que o quadro, fomos jantar no Émile. No Émile, o Serge e o Marc tomaram a decisão de tentar reconstruir uma relação devastada pelos acontecimentos e pelas palavras. Num dado momento, um de nós usou a expressão «período de teste», e eu caí no choro. A expressão «período de teste» aplicada à nossa amizade provocou em mim um abalo incontrolável e absurdo. Na realidade, eu não aguento mais nenhum discurso racional, tudo aquilo que criou o mundo, tudo aquilo que é belo e grande no mundo jamais nasceu de um discurso racional.

Pausa.
Serge enxuga as mãos. Ele vai esvaziar a bacia de água e começa a guardar todos os produtos, para que não reste nenhum vestígio da limpeza. Olha ainda mais uma vez para o quadro. Depois se volta e avança em nossa direção.

SERGE   Quando eu e o Marc conseguimos, com a ajuda de um sabão suíço à base de fel de boi, recomendado pela Paula, apagar o esquiador, eu contemplei o Antrios e me voltei em direção ao Marc:
— Você sabia que as canetas eram com tinta lavável?
— Não — me respondeu Marc... — Não... E você?
— Também não — eu disse rapidamente, mentindo. Por um momento, quase respondi que sabia. Mas como eu poderia inaugurar o nosso período de teste com uma confissão tão decepcionante?... Por outro lado, começar com uma trapaça?... Trapaça! Não exageremos. De onde me vem essa virtude estúpida? Por que as relações com o Marc têm que ser assim tão complicadas?...

A luz aos poucos vai focalizando o Antrios.

Marc se aproxima do quadro.

MARC   Sob as nuvens brancas, a neve cai.
Não se veem nem a nuvens brancas, nem a neve. Nem o frio e o brilho branco do solo. Um homem sozinho, com seu esqui, desliza. A neve cai. Cai até que o homem desapareça e recupere a sua opacidade. O meu amigo Serge, que é um amigo de muitos anos, comprou um quadro. É uma tela de cerca de um metro e sessenta por um metro e vinte.
Ela representa um homem que atravessa um espaço e que desaparece.

Das Andere

22. Rossana Campo
Onde você vai encontrar um outro pai como o meu
23. Ilaria Gaspari
Lições de felicidade
24. Elisa Shua Dusapin
Inverno em Sokcho
25. Erika Fatland
Sovietistão
26. Danilo Kiš
Homo Poeticus
27. Yasmina Reza
O deus da carnificina
28. Davide Enia
Notas para um naufrágio
29. David Foster Wallace
Um antídoto contra a solidão
30. Ginevra Lamberti
Por que começo do fim
31. Géraldine Schwarz
Os amnésicos
32. Massimo Recalcati
O complexo de Telêmaco
33. Wisława Szymborska
Correio literário
34. Francesca Mannocchi
Cada um carregue sua culpa
35. Emanuele Trevi
Duas vidas
36. Kim Thúy
Ru
37. Max Lobe
A Trindade Bantu
38. W. H. Auden
Aulas sobre Shakespeare

39. Aixa de la Cruz
Mudar de ideia
40. Natalia Ginzburg
Não me pergunte jamais
41. Jonas Hassen Khemiri
A cláusula do pai
42. Edna St. Vincent Millay
Poemas, solilóquios e sonetos
43. Czesław Miłosz
Mente cativa
44. Alice Albinia
Impérios do Indo
45. Simona Vinci
O medo do medo
46. Krystyna Dąbrowska
Agência de viagens
47. Hisham Matar
O retorno
48. Yasmina Reza
Felizes os felizes
49. Valentina Maini
O emaranhado
50. Teresa Ciabatti
A mais amada
51. Elisabeth Åsbrink
1947
52. Paolo Milone
A arte de amarrar as pessoas
53. Fleur Jaeggy
Os suaves anos do castigo
54. Roberto Calasso
Bobi
55. Yasmina Reza
«Arte»

Dados Internacionais
de Catalogação na Publicação (CIP)
(Câmara Brasileira do Livro, Brasil)

Reza, Yasmina
   «Arte» / Yasmina Reza ;
   tradução Pedro Fonseca. -- Belo
Horizonte, MG : Editora Âyiné,
2024.
Título original: «Art»
Isbn 978-65-5998-148-9
1. Teatro francês
I. Título.
   24-223165
   CDD-842

Índices para catálogo sistemático:
1. Teatro :
Literatura francesa 842
Eliane de Freitas Leite
   Bibliotecária CRB-8/8415
Nesta edição, respeitou-se
   o Novo Acordo Ortográfico
   da Língua Portuguesa.